JN438093

무지개가 문을 두드릴 때

무지개가 문을 두드릴 때

최순애 시집

을지출판공사

■ 서문

낮은 목소리로 큰 울림을 내는 시인

권 오 운

〈시인 · 중앙대 문창과 겸임교수 역임〉

(1)

보들레르는 자신의 시 〈낙원〉을 통해 시의 본질을 피력하면서 '포도주 그윽한 기쁨' 이라고 단정지으며, '누가 너를 몰라볼 수 있겠느냐' 다그치고 있다.

그러면서 '뉘우침' 을 가라앉히고, 추억을 불러일으키고, 아픔을 잠재우고, 공중누각을 세우는 따위의 삶의 모든 영역을 물수제비 뜨는 조약돌의 반짝이는 모서리를 슬그머니 보여 주고 있다.

(2)

최순애 시인의 〈나는 누구인가〉, 〈그대는 보았는가〉를 비롯, 〈학〉, 〈심판〉, 〈짝사랑〉에 이어지는 일련의

작품들은 말 그대로 '나'를 찾아 떠나는 '나의 탐구'라 할 수 있다.

제대로 '나'의 뼈와 살까지 들추어졌는지는, 차치하고라도 시인이, 자신이 누구인가를 되묻고 일깨우는 작업은 끊임없이 되풀이되어야 한다는 생각에는 변함이 없다.

자신으로부터 홀가분하게 놓여날 수 있을 때만이 최소한의 진의가 획득되기 때문이다.

이런 맥락에서 최순애 시인의 〈윤동주 시인의 뜨거운 피〉의 연작은 '강물이 비로소 길을 열고, 매화 향기 홀로 아득하니 내 여기에 가난한 씨를 뿌리리라'는 뜨거운 신음을 토하게 만들었다.

시인 최순애는 보통 여류와는 달리 사물을 바라보는 섬세한 통찰력과 색깔을 바라본다. 명암과 원근법으로 심오한 경지를 이루고 있으며 온갖 굴곡과 시련을 극복했던 시인이다. 또한 최 시인은 언제나 조용하고 낮은 목소리로 큰 울림을 내는 사람이라고 감히 생각한다.

2022년 8월 10일

차례

제 1 부 _ 그리운 사람

그리운 사람이 울고 간다

Contents

Contents

제3부 _ 빈 의자

빈 의자에 영혼의 숨소리가

Contents

Contents

Contents

제5부 _ 선생님 생가

돌아가는 길에 홀로 남아

Contents

Contents

제 1 부 _ 그리운 사람

그리운 사람이 울고 간다

하얀 눈송이처럼
하늘 엽서 띄워 보낸다

불러도 불러도
대답 없는 사람아.

나는 누구인가 1

"인생은 짧고 예술은 아름다워"

나의 생애 몇 미터나 남았을까?
한 그루의 그루터기

난 잠들어도 저 혼자
심장 박동은
평생 쉬지 않고 뛴다

오장육부 육천 마디 억만 세포까지
날 위해 뛰니 얼마나 고달플까?
심장이 멎으면 난 영원히 셧다운.

나는 누구인가 2

나는 가끔 내게 묻는다
내 앞 한 치 앞도 모른
의(義)의 길 도의 길 찾기 위해서
나는 종종 내게 묻는다

어데서 왔다 어디로 가는지
영원의 안식 되묻기도 한다

내 늦대로 살 수 없었기에
내 의지와 상관없는 여정 되돌아보면서
내 영혼의 안식처 위해서
날마다 옷을 빨고 거듭나기 위한 연습을 한다.

나는 누구인가 3

지구상의 인구 79여 억
그중의 나
모래알보다 작은 존재
그 존재감 더 높이기 위해
시를 쓰는 이유

숫돌에 낫 갈던 농부처럼
시혼 갈고 닦는다

나는 누구인가
왜 사는가 성찰한 이유
어디서 왔다가 어디로 가는가
어떻게 살아야 잘사는 것인가?

지구가 있어 존재하며
빛이 있어 존재한다고 자문자답

미물로 태어나 우주 만물 안에서
찬란한 꽃들의 향기 속
천연 색색의 아름다운 환희
경이롭고 신비스런 한 방울의 물
고로 감사할 일이다.

나는 누구인가 4

지금은 추수 때
알곡 추수하기 위해
농부가 낫 갈듯
천사도 낫을 간다
추수하기 위해

한 알 두 알 영그는 열매
배부른 농부의 가슴이듯 천사의 사명이듯
하늘 한 번 땅 한 번 감사해
한땀 한땀 시를 쓴다

물과 바람 햇빛과 공기
거저 마시고 사는 이 감사함
나도 추수할 맘으로
세상 어느 것 하나라도 한 영혼들도
놓치고 싶지 않아

새들의 비상처럼
물 위 둥둥 뜬 오리 떼를 보면서
고고한 자태의 황새
흘러간 물소리 경이로움 띄워 보내고
마지막 카운트다운의 이 급한 맘 어이할꼬.

거울 앞에서

거울 앞에
홀연히 다가선 그녀
어디서 많이 본 듯
낯익은 익숙한 여인

하얀 머리 수건 쓴
골 패인 그녀가 이랑마다
점점
울 엄니 닮아가는.

유럽 마담

암스테르담 공항에서 본
뚱뚱한 여인

거대한 산 작달막한 키
올백으로 빗은
야자수 머리로 묶어 세우고

야자수 무늬 원피스 속의
그녀의 앞가슴이
철렁철렁 파도치던
지구상의 유일한 걸작 하나

25년의 세월을 아직도 밀고 와
유럽 마담 파도 소리가 시야에
아른거린 암스테르담 공항.

그대는 보았는가 1

그대는 보았는가
필라투스 산 능선의 에델바이스

천지진동하는 돌풍
꼰지발로 딛고 서서
깔깔댄 웃음

오묘한 천사들의 화음 인간의 불가사의
무서운 돌풍도 아랑곳없이
예쁜 꽃 머리에 꽂고 발레하는
창조주의 신비의 춤사위
천사 보지 않았거든
우리 서로 낭만 논하지 말자.

그대는 보았는가 2

철학과 과학도 넘지 못한 신의 영역
그들 보지 않았거든
내 눈밑의 눈썹도 모르거늘
우리 무엇을 보았다 논하지 말자
살아갈수록 느껴 온
사람같이 미련하고 교만과 오만방자한

"흔들리지 않고 피는 꽃이 어디 있으랴"
어느 시인의 노래처럼
모두 다 흔들리며 피워 낸 꽃

내 흔들릴 때 붙들어 준
자연의 순리와
한 구절 시 속에 묻은
오묘함의 환희.

밭 가는 소

굳은 땅 갈아엎는 농부의 쟁기질
무거운 발걸음 소 쟁기 끌고
입엔 망대 씌운 농부와 소
어저저 고삐로 후려치면서 더더더 재촉한다

소 입엔 거품 질질 흐르고
커다란 소 눈
둥글둥글 지구와 같은
삶의 고뇌 하소연 보았다

오염된 지구 몸살 앓아서 이 땅
갈아엎기 위해 코로나19로
우리들 입에 망대 씌웠다 소처럼

짐승인 나 어찌 농부의 맘 알 수 있으랴
언제까지 이 땅 갈아엎으려는지
입에 망대 씌운 채
눈만 껌벅이는 소.

나는 학생

9999k로 지구 타고
고향 향해 달린다

소풍 왔다 가는 어린 학생들
가을 소풍 길 유난히 고운 단풍나무
눈부시게 곱다

나도 천상병 시인처럼
내 아버지한테 가면 다 일러야겠다

세상 참 아름다웠노라고
이런 물 저런 물 고운 단풍물까지
그중의 피아골 단풍이 참 곱더라고
피로 물든 사연의 역사
말없이 고이 잠든
선민의 원혼.

회장님 사무실에서

–박영률 문학 박사님

회장님 서재 쌓여진 책들
어느 채석강 능가하더만

오로지 한길만의 자존감 쌓기 위한
그 무게는 측량할 수 없더만
올곧게 걷는 씨름 보았다

머리칼 하얗게 세도록 때묻지 않은 순수
눈부시도록 반짝이는 빛의 반사
내 영혼까지 숙연해지는

백두산 정상보다
변산 채석강보다 더 높이 쌓여진
책장 속 지식의 함량
몇만 톤이나 될까
측량 못할 저 위대한 백두산.

사랑

주는 것만큼 기쁨이 또 있을까
받는 마음은 무겁지만
주는 마음은 가볍기로

사랑 또한 받는 것보다
주는 것이 더 기쁘기에
원 없이 주고 싶은 사랑
내 모든 것
나 줄 수 있는 사랑
어디 없을까?

설령 짧은 생이라 할지라도
내 영혼까지
불태울 수 있는 사랑
맘 한구석 용틀임.

그리운 사람

벚꽃이 찾아왔다
눈부신 꽃단장하고

저 환한 벚꽃 속
그리운 얼굴

하얀 눈송이처럼
하늘 엽서 띄워 보낸다

불러도 불러도
대답 없는 사람아.

씨와 애국자

최씨, 박씨, 김씨, 조씨, 이씨
그밖에 수많은 씨가 있다

그중의 겨자씨 한 알 그 작은 씨앗
위대한 어머니 자궁 같은 생명의 싹 영생의
단단한 땅 뚫고 나오는 우주의 힘
역사가 이루어지는 이때

씨는 종족 보존키 위한 존재임을 알지 못한
그게 큰 사고다
독신주의자 종족 번식하지 않는
큰 재앙 나라가 위태롭다

내 젊었으면 한 죽을 낳아
많은 종족 번식의 애국심 발동한다만
이미 늙었으니.

피아골 단풍 1

타이밍 놓친 발걸음
단풍은 이미 다 떠난 뒤
옷벗은 나체들의 연회장
허탕쳤다 물 건너간 단풍맛
세상만사가 타이밍인 것 망각했다

황새가 물고기 하나 낚는 것도
긴 목 허공에 내걸고 숨죽였다
물속 파닥이는 고기 낚아채
올린 순간의 포착은
생존을 좌우하는 문제로
고로 만사가 타이밍이다.

피아골 단풍 2

텅 빈 나뭇가지
속세에 찌든 상념 풀어 걸고

시원한 맑은 공기로
속내 씻어 다듬는 노고단 쉼터 찻집
무슨 차가 좋을까

향기 좋은 유자차 주문했더니
설탕을 얼마나 집어넣었는지
단맛에 기겁했다

믿거나 말거나 하여튼
너무 푸진 것도
오늘 일진은 매우 불량.

피아골 단풍 3

높은 산 올라서 천하를 내려다 보니
저 멀리 타국 카타르로 이민 간
유자차 같은 향기로운 후배가 보였다

"언니! 여기는 모래성뿐이여
산도 무엇도 없어
그래서 가족끼리 여행 온 것은
언제나 그 바다, 그 물새 소리뿐이고
태산 같은 모래성뿐이야
온 가족이 모래놀이만 하다가 오는 것이 전부여
우리 한국 좋은 것 여기와서야 알았당게"

그래그래 맞아
가 보지 않아도 다 알겠다
자문자답하며

봄 여름 가을 겨울
산 좋고 물 좋고

새 울고 꽃 피고 단풍 지고
바닷물 놀이하고 요좋은 금수강산

대한민국이 최고여
여기 태어난 것 감사할 일이다
난 산신령 되어 높이 앉아 고개 끄떡이고.

피아골 단풍 4

대한민국은 사방천지
산이요 강이요 바다요

겨울이면 백설로 덮은
백의의 천사 동화의 나라

설날이면 색동옷 입고
꽃신 신고 세배 가던 고향

울긋불긋 사철 따라
꽃 피고 새 우는.

피아골 단풍 5

뉘라서 저토록
고운 수 놓았을까
천연색색 고운 빛 눈부시다
내 모습 꼭꼭 감추고 싶은 주름살

내 영혼의
고운 꽃물 들려 했던

인고의 거문고 소리
내 얼굴의 주름살 열두 줄
심금을 울린다.

공수래공수거

높은 벼슬도 떨어지면 낙엽인데
달 딸까 별 딸까
이성 잃은 짐승들 아우성
기껏해야 창살없는 안방이더만

구름에 달 가듯이 스치는 생
공수래공수거 빈 수레의 생

난 벼슬 아닌 시인이 되어
한 편의 시와 엿을 바꿀지언정
저 따위 벼슬과는 안 바꾼다

고로 나는 낙엽이 아닌
영원히 살아 숨쉬는 불사조
내 명시 하나가 영원불멸이라고

이것도 나의 희망일 뿐
헛되고 헛된 것 인생무상.

사랑의 색깔

예수님의 사랑은 온 인류의 사람을
구원하고자 희생된 재물의 사랑

내 부모님의 사랑은 아가페사랑
내 남편의 사랑은 기브앤테이크 사랑

내 친구의 사랑 마냥 좋은 조건 없는 사랑
내 자녀의 사랑은 가시고기 헌신적 사랑

색깔은 다를지라도 사랑이라는
단어는 보석.

제 2 부 _ 섬진강 버드나무

꽃이 돌아와 잠을 이룰때

바람결에 휘날리는
긴 머리 여인들
봄은 참 아름다운 미인들 나라

남산 뻐꾹새

봄이 오면 남산에서 뻐꾹새 울어
보릿고개 못 잊어서 훌쩍훌쩍

우리 엄니 칠 남매 새끼들 배고파서
어쩔거나 어쩔거나 애달파

뻐꾹새 혼 덧입고 숲 속에 숨어서
밥 먹었냐 밥 먹었냐
앞산에서 뻐꾹 뒷산에서도 뻐꾹.

심판 1

부귀영화도 임금님의 용상도
나는 싫어
비천한 가슴에서 피어나는
민들레꽃 시향 뿌려 살아도

푸른 나뭇가지 꺾어 던져 가던 님
한 시대 휘저어 가던 장군들도
쓸쓸한 갈잎 하나 불과하더만

하늘 땅 유무의 장벽 높다 하지만
권력도 직위도
떨어진 갈잎새 하나 불과하더만.

심판 2

염라대왕 마마!
아뢰옵기 황송하오나
소인 노잣돈 29만 원이 전부인데

그것도 미처 생각 못하고
빈손으로 왔다 하옵니다
염라대왕 마마! 통촉하시옵소서

허어! 여봐라 게 아무도 없느냐
이승에서 그만큼 부와 권력 명예 누렸으면
양심이 있지 그래 달랑 빈손으로 왔더냐?

괘씸죄 5조 2항에 의거하여
당장 인도환생 시키도록 하라
염라대왕 마마 어명이요
당장 인도환생 시키랍신다

염라대왕 마마!
아뢰옵기 황송하오나
보통 사람은 어떻게 하오리까
원 플러스 원 둘이 꼬옥 묶어서
내보내라 합신다

염라대왕 마마! 아뢰옵기 황송하오나
그럼 쌍둥이로 태어나는 것이옵니까
아니다 그것은 니희가 알 바가 아니니디

인간의 영원한 숙제다
심은 대로 거둔다는 힌트만 알거라.

심판 3

불가의 억겁의 인연
이승의 옷깃 한 번 스친다더만

벼슬도 연달고 망자의 길도
연달아 가는 것은
전생의 만억년 인연인지

무고한 새싹 싹둑싹둑 잘라
짓밟아 뿌린 무자비한 총칼 뿌린
한 서린 가슴마다의
오뉴월 서러서리 무서리 내리는데
사과 없이 떠난 망자들은

저승길 유전무죄 무전유죄
면죄부 있던가
풀리지 않은 의문이
용궁의 심판 여간 궁금타.

고향 길

보리밭 사잇길 바람 불면
파르르 파르르 비단 융
선율로 건반을 친

내 고향 보리밭 동구 밖
필릴리 필릴리 보리피리

여우도 죽을 땐
고향 향해 머리 두른다
오대양 육대주의 연어 떼도
그 넓은 바다 저버리고
수억만 리 고향 찾거늘
보리피리 내 고향 늘상 그리워.

낙숫물

인생 깨닫는 게 어디 한정되어 있더냐
떨어진 낙숫물도 생과 사가 보이거늘
소낙비에 쓸려 가는 진흙탕 속에서
유리알처럼 빛나는 물방울의
푹 솟아나고 퍽 꺼지는 유무의 반복은
어디서 왔다가 어디로 가는지
유릿빛 찬란함이 일순간의 교차로에 서서
오고 가고 가고 오는 분주함
소리 물방울 터진 소리.

순천만 1

국경 초월한 새들의 에덴
초록빛 연화장 거긴 낙원이다

뭇 생명의 숨소리
새근새근 소곤거린
울 엄니 태 자리 순천만
나의 원초적 고향

내 영혼의 안식처
그곳은
삶의 재충전소.

순천만 2

순천만 갈대꽃
고개 숙여 반기는
공손한 자태

뭇 생명 서식지
살아 있는 개펄은
뭍에서 밀려온 온갖 오물 곰삭여
생명 잉태한 내 어머니의 자궁

당신 여기 오실 땐
큰 그릇 챙겨 오시구려
자연의 바람 깨끗이 부시어서
가실 땐 가득가득 채워
갈대꽃 고운 깃털로
당신의 영혼까지 부시어 가시구려.

석류

석류 보면 엄니 생각나
세뱃돈 주머니 꼬까옷 대롱대롱
행복한 미소 그래서
석류 보면 울 엄니
하얀 이 내어 웃던 모습 같아서
석류 보면 쏟아질 듯 쏟아질 듯 알알이
울 엄니 사랑만 같아서.

감꽃

툭 떨어진 감꽃 하늘에서 떨어진 맛나
별나라에서 왔나
별 닮은 나의 유년 간식 하나

하얀 보릿대 뽑아 만든 바구니 가득
실에 꿰어 목에 걸면 진주목걸이
팔뚝에 차면 손목시계 머리에 쓰면 왕관
한 알씩 똑똑 빼먹으면 나의 달콤한 간식

우윳빛 뽀얀 고깔 쓴 내 친구
나는 지금도 그 친구 그리워.

유럽 여행

시베리아 벌판 훨훨 날아
하얀 구름밭 백설공주 사는

하늘도 바다 같고 바다도 하늘 같아
시퍼런 궁창 볼 땐 행여 하늘문 열리는가?

여기는 코펜하겐
자막이 흐르고
내가 어찌 운 좋아 창쪽 앉아
창밖 볼 수 있어

기내에 입성한 지 겨우 12시간
겨우 공중에 떠 있는 시간
아주 머언 옛날처럼 아득한 창밖 지상
개똥불처럼 반짝인 그 빛
아스라이 그립다
사람 마음 이렇게 간사하기를.

예술과 낭만 1

예술과 낭만이 없다면
돼지와 뭐가 다르고
사막과 뭐가 다른가
부와 명예만 좇는 것은
무지개 뜬 언덕만 찾는 허상뿐

새소리 있어 즐겁고
들을 귀 있어서 좋거늘
꽃이 있어 아름답고
보는 눈 있어

네 있어 들어주고
내 있어 웃어 주고
너와 나의 공감의
즐거운 희락.

예술과 낭만 2

낭만도 철학도 없다면
짐승의 삶과 뭐 다를까

뻐꾹새 청아한 노래와
자운영꽃 흐드러지게 핀
언덕배기 꼴 베던 순희
찔레꽃 향기로운 고향 있어 좋거늘

당산나무 우뚝 선 그늘 아래
손가락 더 크게 벌려
땅따먹기 놀이하던
내 고향 보물 창고.

나의 일생

1975년 4월 20일
동의동 59-1번지

내 일생 최초로 구한
상하 방 하나 전세
둑 밑에 산밑에
천막 같은 단칸방
열 달 사글셋방 전전하다

5만 원짜리 전세방
그 밤은 평생 잊을 수 없어
공책에 적어 놓은
시인이 되기 전에

큰대자로 누워도 보고
빙글빙글 돌아보던 그 행복의 일기장
세상 다 얻은 듯 감미로움

아이가 둘이라면 세를 주지 않아
아이 하나 친구 집에 맡겨 놓고
하나라고 거짓말해 얻은 방
며칠 후 작은아이 데려오던 슬픈 옛이야기

주인집 큰방과 벽이 딱 붙어
주인아저씨 방귀 소리
기둥 흔들 때면
입 막고 킥킥 웃던.

짝사랑

칠흑 같은 어둠에서도
환한 보름달로 떠오르는 환상

그대는 내 눈 감아도 눈 떠도
반짝반짝 빛나는 보석

나는 그대 환상에 젖어
히죽히죽 웃는 바보

그대는 나의 영혼까지
빼앗아간 큰 도둑

다 빼앗겨도
히히덕히히덕 웃는 나는 바보.

잡풀

아무도 찾지 않는 장막에
잡꽃 한 송이

저 혼자 피고 지는
외로운 잡풀

그는
향기도 나비도 없는 망부석.

기내 밖에는

저기 하얀 오묘한 나라
누가 살고 있을까

하얀 목화송이 밭
선녀가 살고 있을까

백설공주와 천사들의
낙원이었을까

육신의 장막 벗고
우리 모두 가는 고향일까?

섬진강 버드나무

섬진강 굽잇길 에돌아가면
수양버들 휘늘어진
아씨들 그네를 탄다

바람결에 휘날리는
긴 머리 여인들
봄은 참 아름다운 미인들 나라

남원읍성 성춘향이 나들이 와서
휘영청 늘어진 수양버들
그네 탄다.

촉석루의 낮달

고요한 뜨락의 묵시 쓴
영원불멸의 꽃 한 송이

유유히 흐르는
강언덕 위 하얀 낮달은
은가락지처럼

시국 잘못 탄 논개의
비운의 꽃댕기
수장을 끌어안고 떨어지는
진주 남강 촉석루의
낙화유수 영원불멸의 꽃으로 승화.

순천만 포구

S자의 물길은 예전에 보던 그 길인
머언 수평선 회색빛 잔잔한 그 바다

단지 변한 것은 가로세로 방부목 샛길
인산인해 썰물 밀물처럼 들고난

옛사람 게단지 이고 자박자박 오시던 님만
보이지 않고 어디서 왔다 어디로 가는지

철새 따라 훨훨 날아가 버린
옛사람 여운만 가득하네.

제 3 부 _ 빈 의자

빈 의자에 영혼의 숨소리가

무시로 드나드는 나그네
잠자리처럼 잠시 머물다
떠난 휑한 바람맞이 사랑
에돌아간다.

학

고고한 자태
한 시대 멋스럽던
한량들의 부채춤이다

조선 시대 양반님들의
거드름 떨던 문화

사뿐사뿐 걷는 버선발
어느 댁 선비일까?
하얀 도포 자락 고귀한 춤사위.

소나무 분재

뉘라서 너의 운명 그리도 꺾었더냐?
차마 말 못한 모진 형틀이었구나

척추도 갈비도 다 꺾인 채
평생을 장애 딛고도
청푸른 의지 뽐내고 섰다

풋풋한 삶의 향기 뿜어내면서
뉘 너의 운명 주리 들었더냐?

너의 죄목을 묻고 싶었다.

순애보 1

나만의 보석 영원한 진주
세상에서 가장 큰 나의 보석

내가 어디 가든 날 따라와
내 집까지 바래다주고

내가 행여 외도할까
창 너머 밤새껏
지켜보는 나의 사랑

그대는 영원한 수호천사일까?

순애보 2

그대는 밤하늘에 빛나는
오리온성좌
반짝반짝 빛나는 영혼 꽃망울

눈 감아도 빙긋이
눈 떠도 빙긋이
오리온성좌 짝사랑.

빈 의자

텅 빈 간이역의 빈 의자
오고 가는 나그네에게
베푸는 따뜻한 가슴

무시로 드나드는 나그네
잠자리처럼 잠시 머물다
떠난 휑한 바람맞이 사랑
에돌아간다.

나는 다람쥐

중앙동 새집에서 본 그 집
금붕어도 팔고 다람쥐도 판다

언제나 제자리
다람쥐 신나게 돈
돌아도 돌아도 제자리
무엇이 그리도 신나는지

물끄러미 그를 쳐다본 나
낯익은 익숙한 모습이
어디서 많이 보았을까?

돌고 도는 중앙동 거기
내 아모레 외판원 구역
다람쥐 그가 돌고 돌아
내 삶 흉내 내고.

백내장

아글씨 요새 내 눈에는 뭣땜시
판사님들이 까마귀로 보인당께

아마 내 눈엔 백내장 와서 그런가도 몰라
아니야 친구야 자네 눈 정상이여

검·판사님들이 온통 까만 가운으로
온몸을 감았응께 그러제잉!
내 눈에도 그렇게 보인당께

어이 친구야 그럼 그렇다 치고
행여라도 내가 헌 말 말어
아무에게도 말 말어잉

매갑시 날 잡아가서 족치면
나라고 털면 먼지 안 나건디
먼지가 나도 나제

친구야 걱정마
표창장 아닌 게 죄 없을 것이네
어머! 내가 왜 그것 몰랐당가
나도 몰라
표창장이 뭣땜시 그러는지.

들국화

가을 햇살 받아
연지 곤지 찍고
깔깔댄 향연

향기 피워 내 영혼
홀기는 천년의
영원한 꽃

나 너하고
약혼하고 싶어
천년 순수 영원한 꽃이고저.

대영 박물관

한때 세계를 지배했던 영국 대영 박물관
남의 나라 소중한 유물 다 훔쳐다
버젓이 진열되었더라

누가 그 나라를 신사의 나라라고 했던가
흉악한 해적들의 후예들
전쟁의 광들이여 부끄러운 줄 알거라

내 조상의 유품 소중하면
남의 것도 더 소중한 줄 알거니와
사람의 도리 아닌 그 유품 바라만 보아도
간이 떨리거늘 훔친 자는 지들인데
떨기는 내가 왜 떨릴까
신사답게 제자리에 돌려 놓아라 말하고 싶다

그 물건들 보겠노라고 인산인해 이루는
여행객 중 나도 한 사람
쏟아지는 관광 사업은 영국을 먹여 살리더만.

은장도

꽃밭엔 거미어부가 아침마다 촘촘한 그물 짠다
줄자도 없이 진득진득한 실 뽑아
꽃과 나무에 관계망 놓아 발판도 놓는다

섬세한 그물망 위장술로 놓은 덫
벌나비 달콤한 속삭임 순간 낚아채어
우적우적 씹어 불알에 담는다

그리고 이내
숨소리도 없이 조용하다
미투사건은 거미에게 배워라
좋을 땐 오빠 돌아서면 성희롱
걸려든 미투는 목숨 위태하다
난 여자지만 패거리가 소름돋는다

내 아버지의 아버지와 오빠와 남동생과 남편
그리고 내 간줄 물고 나온 아들
나도 자유롭지 못한

내겐 소중한 존재임을 부인할 수 없다

내 자신에게
넌 자유로울 수 있느냐고
내가 나를 두렵다고 설레설레 고개 젓는다
그리고 여자들에게 은장도를 아느냐?

말부르궁

전쟁의 영웅으로 그가 받은 포상 말부르궁은
순천 시가지만 했다

그 넓은 초원의 후손 알콜 중독자들이
마차를 타고 달리고 있다

쓸쓸한 건물벽 안에 낯익은 사진 한 장
내 눈에 띈다 그는 윈스턴 처칠

영국의 위대한 정치가로 노벨상까지 받은
그가 말부르의 손자라는데

한때는 세상 주름잡았다지만 인생사 바람 같은
거기 말부르궁 초원을 내달리는 새옹지마.

숙제

문득 내가 자신에게 질문 던진
어젯밤 떨어진 낙엽 한 장
네 삶의 끈 몇 자나 남았겠냐고

나는 또 나에게 자문자답
내 그것 알면 방석 하나 깔고 앉아
돈 세기 바쁠 거라고
아무도 풀 수 없는 영원한 과제
1초 후 일도 모르는 술래

때로는 제가 놓은 덫에 제가 걸려
허덕이다 어리석게 가슴 치며
호소하다 그냥 제풀에 제가 꺾여 가는 거지.

입양아 눈물

유럽행 기내에서
자주 본 익숙한 울음소리

낯선 입양 선배 오빠 품에 안겨서
우는 유지희 양 오경민 군
가슴이 시려서 차마 들을 수 없는
호소 같은 천사의 울림

누가 만든 불장난의 씨 한 톨로 떨어져서
낯설고 물설은 이국땅에 입양 가야 하느냐고
반항한 천사의 눈물 그대는 보았는가?

고사리 같은 손목엔 유럽 양부모의 주소를
시계처럼 차고
머루 같은 눈에서 옥구슬처럼 쏟아내는 눈물

그들이 벌써 25년 전의 일이어서
28세의 청년이 되었겠구나

착하게 잘 있는지 늘 가슴에서
솟아오르는 소리
고국의 부모 찾아왔는지?

대통령 강의

어느 대통령의 강의
꿈나무들 앞에 서서
열강의

이 나라 대통령 되려면 꿈을 크게 가지라고
꿈이 커야 대통령 할 수 있다고
과연 대통령이 그렇게 좋은 것일까?

그가 남긴 업적은 눈물의 공화국
아시아나 항공이 울고
서해 페리호가 울고
성수대교가 울고
아현동 가스 폭발이 울고
삼풍백화점이 울고
근로자가 울고
중산층이 울고
아이엠에프로 나라가 울었는데.

꽃봉오리

보았다고 다 본 것도 아니외다
보지 못하고 그냥 눈뜨고 소경

귀 있다고 다 듣는 것도 아니외다
들어도 그냥 흘러간

입 있다고 큰소리 할 것도 아니외다
한 치 앞도 보지 못한 주제 섣불리 뱉은 말
자범쇠 되어 시옥행

보아도 못 본 척
들어도 못 들은 척
하고 싶은 말도 좀 더 인내로써
침묵하면 아름다운 천국
내게 부메랑 된 꽃봉오리.

시어머니

1995년 8월 17일 유럽 여행 떠나던 날
내게도 이런 날이 오리라 생각도 못했던

시어머니가 늘상 내게 하신 말씀
"아가 아래만 보고 살그라잉
살다 보면 누구나 다 한때는 보는 거여"
시어머니 가슴 속내에서 우러난 위로 말씀이
내 영혼에 되살아

모진 가난 속에서
태풍에 흔들리는 갈대 같은 내 마음 붙잡아 맨
그 위로 말씀 행여 뿌리치고 떠날까 봐
죄인처럼 고개 숙인 채 앙상한 가시덤불 같은
시어머님 모습이 왜 그리도 초라하고 불쌍하던지

어머니 죄송해요 자식된 도리 못해
죄인처럼 쌓인 내 속내 묻은 고백
내 입 밖에 차마 내뱉지 못한

어양스럽기도 한 것 같고
생뚱맞기도 한 것 같아서……
속내에만 묻어 두고 손자들 뒤치닥거리
없는 살림 꾸려 가기 얼마나 힘드셨을까?

손자 세 놈 양말짝 꿰매랴 운동화 꿰매랴
도시락은 또 왜 그리도
야밤 수업하는 큰손자 도시락만 2개
달걀 하나 밀가루 섞어서 만들기
빈 가슴은 얼마나 아팠을까

끝끝내 마저 하지 못한 심중의
말 한마디 기내에서 가슴 울린
시어머니 말씀대로 한때는 보는 것인지
인내의 보상인지
로마제국의 황제
드나던 문학기행
내게도 이런 날 오리라?

코로나

인류를 초토화시킨 핵
조용히 눈감고 성찰해 볼 일이다

홍수처럼 쏟아 낸 지구 오염이 원인
오존 파괴시킨
살균 소독 못한 이유

개똥철학 너 과학자냐고
날보고 과학자들 얼마나 웃을까?
웃거나 말거나 생각은 자유
지구도 인내의 한계가 있지 않느냐 말이여

또 하나의 원인이라면
있는 자나 없는 자나 위인이나 천민이나
입 좀 틀어막아야 한 이유
갑질하지 말고 살라는 평행선
또 하나 원인은 많은 성형 때문일 게야

각자의 지문이 다르듯
저마다의 조물주가 준 미를 훼손한 죄의 대가
턱까지 깎아서 인조인간 세상
그 얼굴 가리려
눈만 껌벅이고 살라는 저주가 아닐까?

오백 년 문화 유적

백제의 숨소리가 들릴 듯 들릴 듯
방울방울 땀방울 보일 듯 보일 듯

유비무환 준비하는 성터
옛 아낙들 행주치마 돌 나르며
수건 머리에 두른 무명베
천 두른 허리 쏟아 내는 땀방울
핏빛으로 흐른

저 큰 바위를 옮겨 만든
성터길 천년 대계 문화 유적지
될 것이라 생각하면서 쌓았을까?

쳐들어오는 오랑캐족 두려움에
영차영차 개미처럼 쌓아올린 두령의 성터.

필라투스 산

경사진 48도의 높은 절벽
톱니바퀴 기차 타고 정상 올랐다
깎아지른 절벽 아랜 산양들 곡예
1421년 여름 어느 날 거대한 용이
돌을 뿜어내면서 날아오르는 것 보고
스텔폰이라는 한 농부가 기절했다는 산 절벽
휘몰아치는 돌풍 속에서도
환한 에델바이스 꽃 피어 있었다

일추 사이로 변덕스런 일기
천지 뒤흔든 뇌성 치다 반짝 햇빛 스친
하얀 안개 덮다 소낙비 쏟아진
험한 돌풍 속 햇빛 쨍
이런 악조건에도 꽃 피워 웃는
에델바이스 천지 창조주의
오묘함 노래한 천사들의 하모니.

몽마르트르 언덕

몽마르트르 언덕 위 하얀 검은 황색 피부
흰색머리 갈색머리 검정머리
생김새도 방언도 다르지만
환한 미소는 공통

흑인 청년이 액세서리 노점 펼치다
경찰 보고 잽싸게 봇짐 싸 도망친다
옛 내 모습 본 듯해 찡한 전율
동서고금 어디나 사람 사는 데 매한가지
내 곁에 계속 붙어서
4만 원 4만 원 손가락
도망자 그가 내 모습인 듯.

보릿고개 1

빼꾹새 우는 보릿고개
밥 먹었냐 밥 먹었냐?
울 엄니 원혼이
새가 되어

앞산에서도 빼꾹
뒷산에서도 빼빼꾹

보릿고개 넘어도
못 잊어.

보릿고개 2

나의 유년 보릿고개는
배 속에서 꼬르륵꼬르륵
도랑물 소리 내지르고

호박 풀때죽은 꼬르륵 소리 달래었다
이빨 다 빠진 대바구니 가득 담은
고구마는 검은 뚝배기 신김치 톡 쏘는 사이다맛
궁합이 맞아 한 그릇이면 행복

그마저도 울 엄니는
새끼들에 내주고 무엇을 먹었는지
늘 배부르다는 말 그 요술배.

제 4 부 _ 나의 친구들

바람결에 숨결이 실려 갈때

내 친구들 내 시집 또 언제 나오느냐고
학수고대한단다 스승은 제 고향에서
대접받지 못한다는데
내 친구는 그와 반대로 날 인정해 준단 말인가

인생

골 패인 이마엔 갈매기 계급장
나는 선임하사 훈장 같은

하얀 갈대꽃 은발의 제니가
마음은 여직도 낭랑 18세 소녀인

철들지 않은 철부지로
진달래 꺾어 한아름 안고
오던 새터 오솔길
아직도 난 꽃순이.

스위스 여행

루체른 호수와 필라투스 산맥
돌아보는 그 순간
비취색 호수가 너무 좋아서
백조처럼 정착하고 싶었다

고향도 국적도 다 버리고
백조가 되어
호수에서 살고 싶었다.

낙안읍성

유년에 엄마 따라 장에 가면
하늘만큼 신기한 것들 장 구경

찹쌀 콩 조 보리쌀 그리고 올게쌀
소꿉처럼 차려 놓고
우리 엄니 닮은 수건 쓴 할매
날더러 한사코 예어매

여놈 한 되 사서 봐
여그넌 안속응께
안심허고 신토불잉께
이름표랑 찾지 안혀 안헐라면
올게쌀이나 한 사발 사 봐
차 안에 감시롱 잡사 몰쌍몰쌍허고
참 맛나당께

난 진실 배인 사투리가 너무 정겨웠다
이방인처럼 기웃거리면서.

사모곡

시어머니 삶의 굽은 허리만큼이나
노후된 냉장고 4만 원에 구입해서
시원한 보리차
손주들 목에 넘어가는 소리

활짝 웃던 어머니의
행복한 미소 잊지 못한 이유는
그것이 삶의 전부였던 시어머니의 행복
난 지금도 그 냉장고가 고마워

엔진소리 비행기 뜨는 것처럼
드르릉드르릉 요란했어도
시원한 물 먹일 수 있어
시어머니 그토록 좋아하시던
시원한 맹물 시어머니 행복.

큰언니 노래

오매오매 울 어매야 뭐하려고
나를 낳아 요 고생을 시킨다요
원수놈의 시집살이 죽자 하니 어매 가슴 못박겠고
친정 동생들 매갑시 기죽어 살것 걱정땜시 못 죽는디
죽지 못해 사는 년을
서방은 장가 갈 때 양복 안 해 줬다 볶아대고
큰방엔 괭이같이 앵그라본 시어매는
혼수이불 안 해 왔다 구박이고
족제비 같은 시누년은 버선짝 한 짝도
못 얻어 신어 가재미눈처럼 째려보고
하루에도 열두 번씩 속뒤집어 못살것는디
어매어매 울 어매야.

여우 쫓는 비결

우리 엄미 대나무 엮어 이고 장에 가시면
붕어빵 목메어 기다리는 밤

대나무 못 팔아 밤늦은 산길
여우 한 마리 나타나 앞길 얼쩡얼쩡
앞길 막을 때 앞저고리 옷고름 확 풀어
헤치고 큰기침 하면
슬금슬금 눈치 피해 간다는
늙은 여우 쫓는 비결 전설처럼 들려줄 때
우리 엄닌 대한민국
담 큰 장부.

작품

작품 한 편 쓰려고 맘 먹으면
시가 도망가며 아나 써라 아나 써라
놀림 당한 듯

공책 하나 다 찢어도 시가 아닌 범벅
돈도 밥도 아닌
왜 이런 고뇌할까 시가 더 화난다고

누가 내게 억지로 쓰라 하면
머리 처박고
차라리 죽여 달라 대들 일이다

시혼이 내리면 주저리주저리
싯굿내림처럼 설설 풀어져
시에 빠져서 자아도취에 빠진
시간도 잊은 채 날 지샌 나
시인에겐 반드시 시혼이 있다고?

강릉 경포대

모래사장 맨발로 걷는
주옥같은 바닷물 덕지 낀 영혼의
옷 벗어 찰찰 씻어 헹구고 싶어

새벽 노송길 물안개 피어오르니
처녀 가슴처럼 순결하고 부드럽다
솜처럼 뭉게뭉게 피어오르고.

아름다운 서정

뒷집 뜨락 모란이 피어오르는
굴뚝 연기 할미꽃 엉금엉금 기어서
호박죽 쑤었다고 어이어이 손사래로 부르던

따끈한 호박죽 인정의 할미꽃 사랑
어이 이사 가지 마 신신당부하시던

울도 담도 없는 동네 단 두 집
나만 두고 휑한 바람
먼저 먼길 떠나버린 할미꽃 하나.

신의 선물

계곡 타고 흐르는 물소리
숲 속에서 우는 새소리
개구리 떠드는 소리
매미가 산사를 떠오는 소리까지도

내 귀엔
천상의 화음으로 들리는 까닭은
전생의 내가
베토벤의 아버지였을까?

고목나무

풍성한 잎도 지고
앙상한 가지 끝 매달린 찬바람
쓸쓸한 저 고목의 속내에도
새봄을 기다리는 여명의
마음 열려 있겠지.

고향집 박

마당가 똘박나무 넝쿨 하나
푸른 세상 그리더니
하얀 박꽃 만발했다

오동나무에 걸터앉은 달님과 야밤토록
눈맞춤하더니 어느새 지애비 쏘옥 닮은 놈
덤불 속 숨겨 놓은 박덩이
퍼드득 마른 풀잎 사이로 하늘 솟아오른다

삼대독자 귀동자 우리 할매사랑
하늘에서 떨어졌냐 땅에서 푹 솟았냐
내 고향 초가지붕 하얀 박덩이
보름달로 떴다
지애비 쏘옥 닮은 놈.

코스모스

도로 가 늘어선 코스모스
누구 키가 더 크냐 내기하는지
내 키가 더 크다고 꼰지발

아롱다롱 고사리손 손사래 치고
깔깔깔 간드러진

시원한 바람
에둘러 싸고 선
유년의 연가.

쓸쓸한 나무

앙상한 나뭇가지 찬바람만 스쳐
메마른 가슴엔 오대양 육대주가 출렁이는

저 넓은 가슴에 한때는
실개천 타고 흐르는 맑은 물소리 재잘재잘
푸른나무 반짝이는 별들의 소담소담

병아리처럼 뛰어가던 꿈나무들
조용히 흐르는 실개천이 부인다

–전직 교장 선생님의 쓸쓸한 모습

눈 속에 핀 동백꽃

이사 오기 전 누가 심었는지
토종 동백나무 터줏대감처럼 푸른

엄동설한 꽃피우고 밤새도록 내린 눈
하얗게 덮어쓴 빼꼼히 내다보는
빨간 꽃잎 형틀 쓴 춘향이
꺾이지 않는 푸른 절개
이도령 기다리는

무겁게 덮어 쓴
눈 속의 노란 수술
입에 꼭 물고
남원읍성 성춘향의 순박함
절개의 선혈 같아.

나의 친구들

내 친구들 내 시집 또 언제 나오느냐고
학수고대한단다 스승은 제 고향에서
대접받지 못한다는데
내 친구는 그와 반대로 날 인정해 준단 말인가

행복한 마음 두 배로 넘쳐 난다
친구가 묻는다 야 넌 어찌 시에는
그리 고운 단어를 쓸 줄 아냐고 재주도 좋아

야! 야! 내 시가 고운 단어리고?
소가 듣고 웃것다 고운 단어는 아니야
이해인 수녀님의 고운 단어 그야말로 곱지
난 촌스런 단어야
제발 그런 소리는 날 비웃는 거다잉~.

여성의 힘

하나님의 씨받은 그 여자
그녀는 능력이 넘쳐나고
목표가 뚜렷하다
세상을 바꾸는 힘 도전하는 정신
창조의 힘 솟는 맛나를 먹인다

어떠한 위기에서도
당차게 이긴 자가 되어
샛별로 뜨고 영생을 외친다

예리한 관찰과 반짝이는 총각
넉넉한 가슴 광채
엠오유 맺자고 세상이 들끓는다
우주를 끌어안는 사랑의 가슴으로
세상을 바꾸는 힘 그 여자의 힘은

오직 성령의 힘만이
할 수 있는 은혜를 덧입고

세상 만인을 하나로 묶는
엠오유의 바람
위아원(We Are One).

시는 참 묘한 예술이라

내가 쓴 시를 내가 읽어도
내 감정 기분에 따라서
그 빛이 다르다

새벽에 읽으면 또 다르고
또 어느 땐 내 시에 내가 감동받는다

또 어느 땐 시도 아닌 잡소리 같아서
내가 나를 향해 창피스럽다고 숨고 싶은
참 오묘한 것이 시다.

여류시인

잔잔한 그녀의 미소가
천상 타고난 시인의 성품
그녀가 바로 살아 있는 창작품이다

지금은 캐나다로 날아가서 한인의
문인협회 회장 한다는 소문만 들었다

그녀와 헤어진 지 벌써
25년의 세월이 훨훨 날아가고
화살이냐? 광음이냐?
언제 또 만나면 이젠 쑥스럽고
서먹서먹한 낯선 사람으로
그나저나 만나고 싶다

내가 시간 되면 훌쩍 캐나다로 날아가서
밤새도록 이야기꽃 피우고 싶다.

늙은 소녀들

노인정에서 팔십 대 두 분이
토닥토닥 다투고 있었다

늙은 오빠 하나 두고 질투하는
화장하고 미장원 가고 설레발 떤다고
그러자 듣고 있던 할머니

남이사 화장을 하든 말든
왠 참견이냐고 쏘아붙인다
아이고 X하네 뭣이여? X 같은 이

18세 소녀들 같아서
난 빙긋이 웃었다
순정은 아직도 소녀라고
나도 그런 주제에 닿았으면서.

부메랑

콩나물국에 멀뚱멀뚱 눈뜬 시퍼런 멸치새끼
그놈 참 똑똑하게 눈알 동그랗게
나를 쳐다본다 할말 좀 해 보겠다고

세상에서 너희가 버린 온갖 오물
뒤집어 쓰고 살다
내 여기까지 왔다고
차라리 죽는 게 사는 거라 한다

노상 해야 내 목구멍으로 들어오는
부메랑이 아니더냐고 시원한 콩나물국도
내 아니면 맛낼 놈 또 있느냐고 다그친다
제발 좀 오물 버리지 말라고
너 살고 내 살자 한다.

제 5 부 _ 선생님 생가

돌아가는 길에 홀로 남아

담 밖에 우뚝 선 은행나무
철갑 두른 장군처럼 굳게 입다물고
파수꾼처럼 서서
주인장 오우가 낭송하고 있다.

상사화

사랑한다 고백 못한 짝사랑
속내 태운 상사화

우뚝 솟아 깃대 하나
가슴에 꽂고
태양 향해 불꽃 이룬다

이루지 못한 사랑
열꽃으로 이글이글
꽃불 태워 사른다.

봄비

봄비 사블사블 연회 베풀고
새싹들 나비 춤춘다

젖을수록 훨훨 타오르는 초록 나목들
생동의 활력소 넘쳐
뻐꾹새 울어 님 생각 에돌아간다

홍건히 옛정의 초록
물들어 젖는.

고산 선생님 생가

천년 전이나 지금이나
고요한 서정은 매한가지
자연은 예나 지금이나 제자리였을 테지
고산 선생님의 오우가가 저절로 흐르고

사방 천지 에둘러 보니 명당이요 신선이다
담 밖에 우뚝 선 은행나무
철갑 두른 장군처럼 굳게 입다물고
파수꾼처럼 서서
주인장 오우가 낭송하고 있다.

엄마 생각

젖은 장작 머리 이고
땀곡재 넘어 장에 가신 울 어매야
고개가 얼마나 무거웠을까
젖은 나무라 못 팔아
얼마나 애달았을까

해가 지니 가슴이 콩닥거린
어둔 밤길 처녀귀신 나타났다는
징무랭이 모퉁이
울 어매 앞에 나다날까 애달아서
지는 해 명주실로 묶어 매고 싶었다.

그리움

넌 지금 어디쯤 가고 있느냐
너의 그리움은 켜켜이 쌓아 두고
꽃피는 봄이 오면 꽃보다 먼저 피고
가을 오면 단풍보다 먼저 물든 사람아

철 바뀔 때 먼저 찾아와
어미가슴 뒤흔들어 보고픈 사람아
얼마나 먼길이기에 소식조차 감감하더냐
우리의 관계망 끊을 수 없는 천륜인데

너 또한 병아리 같은 새끼들 못잊어
얼마나 울고 갔느냐?
가는 길 멀다 하니 더 멀어
가슴 미어진 이 심사 하소연 어디에 할 거나
오는 길 순서 있는데 가는 길 순서 없으니
너 대신 내가 갈 수 있다면
열백 번도 대신 가고도 남으리.

단풍 절경

황혼의 전야제 불꽃놀이
유년에 신던
나의 꽃신과 색동저고리
훨훨 벗어던진 해탈이다

무구한 자유의 화신
내년 봄 기약한
연회장이다.

철부지

요직에 있을 땐
벌떼 나비떼 윙윙거리더니
꽃 지고 잎 진 앙상한 가지 끝
적막강산의 개미 한 마리 안 보인다고
두런두런 후회하는

새로운 삶의 인생 되돌릴 수 있다면
금 같은 젊음 빛내고 싶단다
망치로 두들겨서 만들 수 있다면

헛된 세상 보낸 것 후회하면서
영화의 한 장면 같은 인생
고희가 믿기지 않은 여직 철부지란다

이제 다시 젊음으로 되돌릴 수만 있다면
세상을 확 뒤집어 놓는다고
멋지게 빛내고 싶단다.

거미

거미 똥구멍에서 줄줄이 끈이 나온다
그 짜낸 줄로 꽃밭에
예쁜 아파트 한 채 지어
매달아 놓았다

나도 너처럼 똥구멍에서 돈줄 하나
줄줄 나오면 좋겠다
아파트 한 동 지어서 대롱대롱
꽃밭에 살고 싶다.

우화

소낙비에 씻긴 동백꽃잎
해맑은 햇빛이 유난히 눈부시다

난 그냥 스쳐가는 소낙비로만 알았는데
샤워하는 동백꽃 여인의 우화.

금산사 산행 길

금산사 산행 길의 흠뻑 젖은 땀 스쳐가는
순간 쏟아붓는 억수 장대비 어느 해수욕장
요만할라디
초록 파도 속 밀려온 플로럴향

태고 이후 초락도가 요만할까?
불타는 정오 한나절 자욱한 안개 속
무아지경으로 몽롱해진
손오공이 된 듯한 황홀한 산행

나는 송학 함초롬히 젖은
그때 숲 속의 소낙비
당아도 못잊어.

구름

우리 한 번 헤어지는 연습해 보자
언젠가는 너는 바람이 되고 나는 나무가 되어
흔들리는 그 상처를 서로 어루만져 보자

드는 정 나도 몰래 이슬비에 젖었는데
매갑시 떨어지는 잎새 하나
내 영 타고 파도친다
우리 한 번쯤 헤어지는 연습해 보자고

운아 너와 내가 나무가 되고 바람이 되어
흔들리는 그 아픔이 얼마나 큰지
살아 숨쉬는 이 순간
바라만 봐도 행복인 영혼에 각인시켜 보자

오~ 찬란한 운아
우리 한 번쯤 유서를 써 보는 연습도 해 보자
가슴에 맺힌 사연 절절한데 끝내 말하지 못한 채

푸르디푸른 풋감 하나 뒹구는
그가 행여 내가 아닌가 심중의 말 한마디
부시로 날려 보자.

* 이 시를 쓰고 얼마 안되어 둘째아들이 떠났다. 어쩌면 예시처럼 그래서 3년 동안 시를 쓰지 않았다. 가슴이 떨려서 이 시를 쓴 자체가 원망스러웠다.

연자루

죽도봉 공원에 웅장한 연자루
어느 교포의 한땀 한땀 피어린 얼룩이 새겨져
큰 대들보가 애국사랑을 떠받고
언 손발 불면서 조센징이란 멸시와 천대
눈물 아롱져

우뚝 선 대들보가 내게 묻는다
너도 나라 잃은 서러움
가슴으로 씹어 보았느냐

그 마디마디 상처 모아모아 여기 사랑하는
내 동포들에게 표적 하나 우뚝 세웠노라
뜨거운 심장 불꽃봉오리.

무상

훨훨 날아가는 세월의 무상
봄이 오는 소리
귀 세웠더니 어느새 날아가고

초록파도 일렁인다 여름인가 하니
벌써 무덥다고 몇마디 했더니
그 소리 삐졌는지 훌쩍 날아가고

산들바람에 가을인가 했더니
채 느끼지도 못했는데 단풍잔치 한다

날아가네 날아가네 무상 타고
아니 벌써 겨울이
하얀 눈 지붕 위에 소복소복
은빛의 으악새 꽃에 서산 노을 곱구나.

유죄와 무죄의 이유

황소도둑은 도둑 아니여 왜?
그것은 살아 있는 동물이니까
훔쳐 먹는 빵 그것은 유죄라고 쾅쾅쾅
배고프면 당연히 돈 주고 사 먹지
남의 것을 왜 훔쳐 먹느냐고?

대한민국 법치국가 몰라서 그런겨?
5년의 말단 사원 50억은 당연한 퇴직금이여
그것 또한 분명히 무죄여
왜? 살아 있는 동물이니까

왜 카드로 소고기 십만 원어치 사서
온 나라 시끄럽게 하느냐고 그래서 분명 유죄라고
쾅쾅쾅 대한민국 법치국가 몰라서 그려
자랑스런 대한민국
검사 판사 사위 두면 되지 왜 따져 열 받게.

소렌토 가는 길목

소렌토 가는 길
아스라한 절벽 아래 개미 떼
사람 그가 개미로 보인 까닭은
수천 미터의 낭떠러지 신나는 물놀이
그들은 여름 한철 즐기는 피서객이란다
일 년 열두 달 중 유일하게
여름 한 달 여자들에게만 주어진 그 나라의 법
그 휴가 안 주면 이혼 사유가 되는
특권 같은 국가법
나도 내가 나에게 한 달 휴가 생각해 본다

소렌토 바다에서 목청껏 부른
민요가 가슴 찡하게 울려 준
돌아오라 소렌토여 외치는
그 노랫소리 그 민요가
왜 찡한 울림으로 다가올까?

근동댁 자화상

잘 영근 수수나무 또록또록한 알맹이 무겁게
활처럼 휘어 고개가 땅바닥 달랑말랑
네 발로 기어다니면서 가꿔 놓은 수수가
근동댁 꼭 닮았다
근동댁 저 수수 못잊어 어찌 갔을까?

한 생애 일만 하다 휜 허리
화살처럼 휘어져 근동댁 근동댁
저 수숫대 못잊어 부른다.

마구 내뱉는 입들

고요한 호수에 던진 돌멩이
물보라의 파장으로 멀리 간다

무심코 던진 돌멩이 그가 부메랑 되어
내게 돌아온다면 뭐라 대답할까
작은 돌멩이 하나 그냥 무심코 던진 것뿐이라고

무심코 던진 내 말 한마디가
저 호수의 돌멩이 파상처럼 번진다면
무서운 부메랑이 되어 돌아온다면
내가 뭐라 대답할까

다시 주워 담지 못하는 게 말이라
저 무책임한 말 쏟아서 혼란 속
저러고 살아야 하는지 왜 사는지
삶의 가치관의 혼돈.

진달래꽃

삼씨 움트는 삼월이 오면
울 어매 새터밭
꿩 내려온다 애달아 성화다

어서 가라 싸게 가서 꿩 쫓아내라 성화 못이겨
곤잠 깨어 가기 싫은 새터밭머리
부아 나 눈 비비고 가는 길
온 산천 분홍꽃밭 진달래 어서 오라
날 반기는 꽃마을 한아름 꺾어 안은
나는 꽃순이의 첫사랑

지금도 가끔 그
진달래 첫사랑 고향 꿈꾼다.

지도자

지도자가 하고 싶어서 광기 난
사람 같아서 나는 여기
몽당연필로 역사를 그린다

얼마나 하고 싶어서일까?
처음 해 본 대통령이라 그렇단다
대통령도 여러 번 해야
경험이 쌓인다고 하하하
참 안쓰럽다

이왕에 앉은 용상
팍팍 밀어주시오
처음이라서 그런 것이니까.

가슴 메인다

중학교 못 가는 놈 손들어 하는
선생님 말소리 따라
정기와 순덕이가 손 번쩍 들었다

두 아들은 소년가장 할머니와 사는
부산 가면 야간상업고등학교
낮엔 공장에서 돈 번다고

작은아들놈 엄마 나도 손들까 말까 생각했어
왜? 하고 물었다

지도 빨리 돈벌어 엄마 도와줄라고
그 놈 도와주기는커녕
내 가슴에 대못 박고 간 놈.

노래도 못 배운 바보

어느 촌로의 이야기
그래도 아짐은 노래라도 부르지만

나는 땅만 파고
삼시로 노래도 못 배웠당께

땅두더지도 아닌데 뭔 땅을 판겨?
그런께 허리 굽은 줄도 모름시로

이 멍청이가 인자 생각하니께
허무하고 눈물만 나는구만.

팔각정에서

팔각정 정자 앉아
바라보는 동천물
반짝반짝 별처럼 소담스럽다

물 위에 뜬 별들 더 눈부신 이유

저 안에
내 젊음도 흘러가고
어서 따라오라 어서 가자
이랑 내달린다.

제 6 부 _ 윤동주

까마득한 날에 닭이 우네

눈 내리고 매화향기 홀로 아득하니
내 여기에 가난한 씨를 뿌리리라
다시 천고의 뒤에 백마탄 초인이 있어
이 광야에 목놓아 부르리라.

윤동주 시인

혹독한 일제 강점기
아이가 울다가도 순사 온다 하면
뚝 그치던 시대
주옥같은 시 생명과도 같은 작품
다 압수할 때 그 심정 어땠을까?
꽃다운 청춘 27세 나이로 옥사하는
그 순간까지도 성경책을 끼고 다녔다고 했다
천국의 소망이 있었기에
성령님이 함께했기에 그토록 담대했을까?
하지만 죽음 앞에서 왜 공포가 없었겠는가

우에노 준 시인의 글을 읽고 그날 밤 잠을 못 잤다.

밤새도록 뒤척이다가
내 영혼의 광선처럼 빛이 스쳤다
윤동주 시인과 격암유록 남사고 시인과
타고르 시인 三人이 쓴 시가
어쩌면 같은 맥락의 오늘날 신천지에서 이루어진

계시를 썼을까 분명히 시성에 해당하는
오늘날을 위해 기록했고 역사했고 존재했구나 하는
나의 뜨거운 가슴의 자신도
절제할 수 없어 나열했다.

광야 윤동주

까마득한 날에 어디 닭 우는 소리 안 들리랴
모든 산맥은 바다를 연모해 휘날릴 때도
차마 이곳은 범하진 못하였으리라
끝없는 광음은 부지런한 계절의 피고선 지고
강물이 비로소 길을 열었다
눈 내리고 매화향기 홀로 아득하니
내 여기에 가난한 씨를 뿌리리라
다시 천고의 뒤에 백마탄 초인이 있어
이 광야에 목놓아 부르리라.

윤동주 시인의 뜨거운 피

캄캄한 밤 암울한 가슴에도
어디에선가 들릴 듯 들릴 듯
새벽을 깨우는 여명의 닭 우는 소리
금수강산 내 조국 태극기 휘날리고
화살처럼 날아라 독립만세 소리
내 여기 작은가슴 불씨 던지면 활활 타올라
하늘까지 소재 되어
구세주가 반드시 백마 탄 이긴 자
오시리라.

三人의 화답시

깊은 밤 청계소리 하늘장막 열리니
묵은 해, 달, 별 떨어지고 새 하늘 새 땅 열리도다
죽기까지 싸워 이긴 자 백마 타고 나팔 분
동방의 밝은 불 켜졌으니 천하만민 몰려와서
엠오유 맺자 성화가 났네
닐리리야 닐리리리 끊겼던 생명줄 이어져
일음 생수 한 모금씩 사말생초 신천지가 이루도다.

타고르 시인

인도 시인 타고르는 1913년 아시아인 최초로
노벨문학상을 받은 시인
그가 1929년 일본을 방문 중
우리나라도 좀 방문해 달라고 했으나
인도 역시 영국의 식민지로
우리나라 일본 식민지와 같은
동병상련의 아픔을 겪고 있는
오고 갈 수 없는 처지 쪽지에 적어준
농방의 등불 시가 꺼져 가는
대한민국의 심장을 타오르게 했던

동방의 등불 타고르
일찍이 황금 시기에 빛나던 코리아
그 등불 다시 한번 켜지는 날에
너는 동방의 밝은 빛이 되리라.

동방의 꽃불

그대 일찍이 예언했던 꼬리아
삼천리 금수강산 동방의 꽃불 났네
세계 목자들 엠오유 맺자고 구름 떼로 몰려오는
사말생초 영원세계 이긴 자가 나팔 분다.

유관순 언니 넋

어두운 터널 몰아 쫓고 새하얀 꽃의 승화
평화의 상징 흰비둘기 떼와
해마다 삼월 초순 유관순의 얼로 피어나서
빠른 광음의 채 눈도장도 찍기 전
훌쩍 날아가 버린 금쪽 같은 삶의 상징
강한 메시지로 어김없이 찾아온
너는 하얀 젖가슴의 봉실봉실 피어나는
유관순의 순정.

격암유록 남사고

남사고 시인은 조선 중기 사람이다. 지금으로부터 300년 전 그 당시 살인과 분열 어지럽던 시대 당파싸움 서로 권력 잡으려고 이권다툼만 하던 그 시대 기축옥사 임진왜란 등 나라의 대소사를 정확히 내다보는 예언가라고 했다.

그에겐 스승도 없고 같이 논할 벗도 없이 오직 자연 속의 하늘과 땅, 바람과 구름, 물과 불, 밤하늘의 운행한 별자리 보고 천문학을 했다고 한다. 열일곱 살 되던 해 하얀수염의 백발도인이 나타났다고 했다. 아마도 그분이 하늘에서 온 성령이 아닐까. 왜냐하면 그 당시엔 동양엔 예수님 전도 되지 않았을 때인데도 격암유록을 본 바 송구영신 호시절 만물고대 신천운 사시장춘신세계 불로불사 인영춘 상제예언 성경설 세인심폐영불각 천택지인 삼풍지곡 태고 이후 초락도 사말생초 신천지

위의 그대로 예언한 시가 대한민국 코리아에서 이루어지고 있지만 등잔 밑이 어둡듯이 대한민국에선 캄캄한 밤이다. 그리고 되려 신천지를 못 죽여서 한을 품고 마치 예수님 못박듯이 하지만 불 같은 성령의 역사

를 어찌 막을손가.

한 해에 십만 삼천육십 명이나 90점 이상의 시험합격하고 신천지로 몰려와 새로운 역사는 쓴다.

성경은 살아 있는 운동력의 하나님의 신서 그대로 약속이 이루어지고 여기 일맥상통한 시성은 일찍이 성경에도 예언 되어 이사야 65장 17절 보라. 내가 새하늘 새땅을 창조하리니

이사야서 66장 22절 새하늘 새땅이 네 앞에 항상 있을 것

베후 3장 13절 우리는 그 약속대로 새하늘 새땅을 바라보도다.

계시록 22장 1-4절 새하늘 새땅 영원할 것을 약속한 고통과 슬픔과 사망이 없어지는 오늘날 신천지에게 이루고 있다. 영은 소리도 없고 향도 없고 만질 수도 없다. 그러나 성령의 역사 맛본 사람들이 온 지상 12지파가 나팔 불고 있다.

신의 역사

신은 만질 수도 색깔도
냄새도 없다
하지만 만물은 보이지 않는 바람을 마시고 살 듯이
우리는 하나님의 약속을 믿고 산다
인간의 과학과 의술과 철학으로도
해결 못하는 신의 영역
넘지 못하는 한계의 선
그래서 성경 말씀에
개미에게 지혜를 배우라 했다
작은 미물만도 못한 어리석은 인간들에게
개미는 추수 때를 안다고
오늘날 추수 때를 빙자한 것이다.

삶

뉘 내게 어떻게 사는 게 행복이냐 묻거든
배낭 메고 쉬엄쉬엄 많이 보고
마음의 넓은 창 내는
행여 나와 가는 길동무 돌부리 걸려 넘어지면
일으켜 주고 싸매 주고 아픔 읽어 주는
도란도란 이야기 나눌 수 있는
길동무와 같이 가는 삶이라고.

축구와 교수님의 구두

우리 대학 넓은 운동장 볼 때마다
텅 빈 쓸쓸한 노인정의 위문공연 같은
모처럼 지난주 축구와 족구로
구두 신고 달리는 축구가 재미있다

우리 어릴 적 돼지 잡는 날 오줌보로 공 만들어
축구하던 검은 고무신이 떠올랐다
화창한 날씨는 파란바다 돌 던지면
와장창 쏟아질 듯 유리창 같은 휘날리는 벚꽃잎
퍼레이드와 얽매인 굴레서 벗어난
시끌벅적 웃음소리
모처럼 대학 추억을 이 년 만에 맛보았다

"교수님! 우리 운동장 좀 마음껏 뛰어
축구 한 번 하고 싶어요."
만학도가 했던 건의에
오후 둘째 시간 바로 운동장에서 수업이 시작
서로 편을 가르고 악수 나누어

온실 속의 화초 나약한 몸 마음과 발은
또 따로 그래서 더 재미있는 축구와 족구의 공
깔깔대는 웃음소리 운동장 가득.

교수님은 똥

어느 모 교수가
제자에게 똥 먹였다는데 사실일까?
위안부들 매춘녀로 S대 교수가 둔갑시킨
그도 사실일까?
역사 똥물이다 똥 허나
일부의 교수가 지린 똥일뿐
나를 가르치는 시골 전문대 교수님들은
지식의 함량 하늘이라고 바라만 봐도 숙연해진다
더 이상 말할 수 없다
취직률 전국의 2위 책임완수 짱
때로는 오빠 같고 언니도 같은
최선 다한 노력의
한집에서 울도 담도 없이
된장찌개 보글보글 끓여 먹고 싶은 살가운 정
그런데 벌써 2학년 꿈만 같은 캠퍼스를 거닐고
얼마 남지 않은 졸업이란 단어가
광음의 바람으로 유난히 따뜻한
봄볕 꽃들의 반사.

시험은 나의 밥통

아이고 이놈의 시험
시험 점수 따라서
나의 밥통이 결정되는 운명의 날이 다가왔다
오늘 김 교수님 특별한 이벤트 하나 농담
70세 이상은 오픈이란다. 하지만 거기 해당은
눈씻고 봐도 나 하나뿐
그래 백점을 맞은뺀시 0점을 맞은뺀시
취직할 일 없지만 하나의 점수가
선제의 섬수를 좌우한다는 잭임땜시
최선 다한 오늘의 시험
아주 기분 좋은 내가 나 부끄럽지 않았다.

시험은 나의 운명

긴장된 순간
넉넉한 마음의 여유
설마 나이 많은 나 봐 주겠지
하지만 텁수룩한 몸매와 달리 깐깐하다
전 교수님 냉정하게 책상 깔끔히 치우란다
마음 같아선 에이플러스 받고 싶지만
스스로의 포기가 문제다
누가 대신 내 삶 살아주지 않는 인생의 귀로
시험이 좌우하는 애들아, 열심히 해라
지난 선배들은 합격의 영광 플래카드 밥통이
일류 회사의 온 캠퍼스 나뭇가지마다
주렁주렁 열렸다
내 나이 30만 됐으면......
까지껏 한번 튀어오르고 싶지만

노을 진 석양빛의 마음만 곱다.

기다림

동백기름 발라 빗은 제비 같은 낭자머리
옥색 물항라 치마 펄럭이며
노란 부채 살랑살랑 오시던 님은
오실 둥 굽이돌아 하매 오시나

처마 밑 제비새끼
눈깔사탕 물고 하매 오나.

* 散文 *

희로애락 1

바다 건너 머언 미국 펜실베니아 주에서 생면부지인한테 편지 한 장 날아왔다. 겉봉에 수신자는 필립 윤, 생전 듣지 못한 이름이다. "선생님 귀하"라는 글자에도 불구하고 선뜻 뜯지 못했다. 도무지 알 수 없는 사람, 더구나 타국에서 온 편지기에 한참을 망설이다가 뜯어보았다.

최 선생님 안녕하십니까?

저는 이역만리에서 40년 동안 열심히 노력해서 이제 생활은 겨우 숨돌릴 정도이며 필립 윤이라는 사람입니다. 작은 사업을 열심히 노력한 끝에 요즘은 골프나 치면서 여행도 다니고 나름대로 여가 생활에 즐겁게 보냅니다.

그런데 타국 생활을 한 사람은 나뿐만 아니라 고국 땅 까마귀만 보아도 반갑다는 말 그대로 고국의 향수가 무척이나 그립습니다. 우연히 고국에서 온 시집을 받아보던 중 시인님의 시가 내 가슴에 울컥 와 닿아서 찡한 감정을 느꼈습니다. 문득 보고 싶어서 내년 봄에 귀국하면 꼭 만나뵙고 싶습니다. 안녕히 계세요.

2007. 9월 미국에서
필립 윤 올림

이 편지를 읽는 순간 그 마음 충분히 이해가 가고 간단한 내용의 글에서 진솔함이 엿보였다. 나 역시 가슴에 와닿는 시를 볼 때면 그 작가를 만나보고 싶은 감정이었기에 기분이 좋았다. 시인은 독자가 자신의 시를 좋아할 때 최고의 기분이기도 한다. 내 작품에 빠져 이국땅에서 편지가 오고 사랑하는 독자가 있다고 생각하니 얼마나 기쁜지 싱글벙글했다. 나는 간단하게 답장을 했다.

안녕하세요. 필립 윤 님, 보내 주신 편지 참 반가웠습니다. 앞으로 더욱 더 사랑받기 원합니다. 더 열심히 노력하겠습니다.

한국에서 최 올림

답장을 보내고 나서 필립 윤의 답이 오기를 은근히 기다렸다. 답장 보낸 지 20일 만에 또 답이 왔다. 지금 같으면 카톡이 서로 오고 갔을 텐데 두 번째 받은 편지는 오래된 연인 사이처럼 첫사랑 편지 받은 감정으로 설레었다. 내년 봄이 기다려지며 미소를 머금은 멋스런 남성미를 상상해 가면서 읽어보았다.

안녕하세요. 답장 매우 기뻤습니다. 보내 주신 옥수 진필을 보니 더욱 가고 싶은 고향 생각에 설레입니다. 꽃피고 새 우는 고향땅에서 최 시인과 만날 날을 생각하니 무척이나 시간이 안 가네요. 저의 고향은 순천에서 얼마 멀지 않은 진주입니다. 진주에서 순천은 아주 가까운 거리죠. 진주에서 노후를 보내려 계획을 세우고 아담한 주택을 짓기 위해서 귀국길에 땅도 사고 최 시인도 뵙고 겸사겸사 하루속히 내년 봄이 기다려집니다.

그날까지 건강하시길 기원하면서......

2007. 10월

타국땅에서 필립 윤 올림

벌써 주고받은 편지가 4번째였다.

귀국할 날도 얼마 남지 않았다. 주고받은 몇 통의 편지에는 연애하는 감정으로 기분이 좋아지고 편지가 왜 그렇게 기다려지는지 마치 펜팔하던 처녀 시절로 되돌아갔다.

보낸 내 편지를 오늘쯤 받았을까? 내가 보낸 날짜가 언제였더라? 익숙한 사이처럼 착각을 했다.

내가 찾던 백마 탄 왕자, 나의 이상형 같아서 왠지 기분이 좋았다. 기다리는 4월은 왜 그렇게 길게 느껴지는지 어린 시절 꽃신 가슴에 품고 기다리던 설날처럼 왜 그리도 시간이 더디가는지.

결혼 40년!

그동안 지옥 같은 생활에서 벗어나고 싶었던 찰나에 받은 필립 윤의 편지가 내 마음을 흔들고 있었다. 편지 내용에서 느낀 점은 솔직하고 담백한 느낌이었기에 마음이 갔던 것이다.

내 남편은 평생을 술 먹기 위해 태어난 사람 같았다. 술 외엔 아무것도 모르는 사람같이 생활 능력도 없고 마치 나를 괴롭히기 위해서 태어난 사람 같았다. 사실

내 가슴에 한이 맺혀 있던 즈음 아들 딸 모두 출가시켰다.

남편과 단 둘이 지내던 때에 남편은 나이들수록 술주정이 더해 갔다. 지금껏 책임 다 벗었으니 자유롭고 싶어서 황혼이혼을 생각했던 그 찰나에 받은 필립 윤의 편지는 구세주와 같은 존재로 다가왔던 것이다. 남편과의 술과 전쟁, 끝이 안 보이는 블랙홀과도 같은 삶에서 벗어나고 싶었다. 간절한 마음을 필립 윤에게서 그동안 억울하게 살아온 나의 넋두리도 풀어놓고 위로받고 싶었다.

한 송이 목련처럼 순수한 사랑을 주고받고 싶었던 내 어리석은 마음이었지만 사람은 어리석기가 아이보다 못함을 나를 두고 한 말인지도 모른다. 나는 오직 필립 윤 귀국 날짜만을 손꼽아 기다렸다.

어느 날 문학회 회원으로부터 차 한잔 나누자는 전화가 왔다. 화려한 찻집에 마주 앉아 나누는 커피잔 속에 아메리카노 커피 향이 스멀스멀 피어오르니 필립 윤의 자랑이 저절로 튀어나왔다. 감출 수 없는 나의 보석, 은근히 내 자랑도 늘어놓았다.

“나의 시를 본 독자가 미국에서 편지를 보내왔다. 내년 봄에 귀국하면 만나기로 했다고.”

푼수의 도를 넘고 얼푼이가 되어 내가 뭐 대단한 시인인 것처럼 으쓱대며 자랑할 그때 앞에 앉은 동료시인 눈이 둥그레지면서

“혹시 그분 필립 윤 아니야?”

“응! 맞어. 그 사람을 어찌 성 시인이 아는겨?”

둘의 눈이 마주친 그 순간 서로가 놀랐다.

“아이 염병하던갑네 문뎅이, 나한테도 그런 식의 편지하드만, 최 시인한테도 했고만.”

깔깔대고 웃는다. 성 시인은 하얀 이빨이 다 드러나고 저 안의 목젖까지 훤히 보이도록 웃고 있었다. 난 웃음 아닌 몽댕이로 뒤통수를 맞은 기분이었다. 한동안 멍했다. 개가 닭 쫓다가 지붕 위로 날아가면 멍 하고 바라보던 지붕, 그 모습이 흡사 내 모습 같았다.

허공 중에 사라진 진달래 시인이 되었다.

나는 시인의 순수가 아닌 욕망의 불나비였구나. 내 자신의 한없는 어리석음의 씁쓸한 순간이었다. 그는 나 아닌 또 다른 순수한 시를 사랑하는 마음에서 여러 시

인에게 편지를 보냈는데 나는 착각과 망상의 도를 넘고 있었구나. 내가 찾던 왕자라고 꿈꾸던 이 어리석은 여인……

지금부터 17년 전에 있었던 스토리이다. 지금쯤 진주에 와서 그림 같은 집을 짓고 살고 있는지 아니면 벌써 저 세상 사람이 되었는지 약간 궁금타.

희로애락 2

바다 건너 미국에서 온 편지는 손끝만 살짝 건드려도 바스락하고 떨어지는 낙엽인 양 내 자신이 떨고 있을 때 날아들었다. 필립 윤이 보내온 편지 몇 통은 짧은 세월이었지만 참 행복했다.

기다림과 설레임의 화사한 봄 벚꽃은 나를 위해서 피는 것처럼 그토록 기다리던 꿈과 희망이 내게도 있었던 그 순간 내 생에 가장 기쁜 삶의 감미로움을 맛보았기에 지금도 가끔은 내 맘 깊은 곳에서는 그런 대상을 찾고 있다. 나이가 들수록 나약해지는 마음은 비단 나뿐일까?

젊어선 정처 없이 아니 가족을 책임지기 위해서 또한 보험사의 맡은 목표액을 달성하기 위해 달려가면서 해가 가는지 달이 가는지 봄이 왔는지 가을이 왔는지조차도 모르고 죽을 둥 살 둥 허덕이고 저녁때 집으로 귀가할 시간이 되면 가슴이 두근거렸다.

오늘밤 또 남편의 그 무서운 술주정의 눈빛과 욕설에 시달릴 것이 꿈만 같아서 지옥 같은 발걸음으로 반복되는 일생, 그 험한 가시밭길에서도 두 아들을 공무

원으로 훌륭하게 키웠다.

큰아들은 교육계 간부, 작은아들은 경찰간부로 키웠고 결혼해서 잘사니까 이쯤 되면 내 의무는 다한 것 같아서 이젠 이 억울한 굴레에서 벗어나고 싶었던 간절한 순간 마치 사슴이 갈증날 때 날아든 물과도 같은 필립 윤의 편지는 행복을 안겨 주기에 너무도 당연했던 꿈이었다.

날이 갈수록 술주정은 폭풍처럼 더 사나워졌다. 포악스런 횡포에 시달리다 못해 이 병원 저 병원 심지어는 저 멀리 영암이나 곡성까지 병원마다 입원시켰다. 그런데 단순한 알콜성만이 아닌 치매였던 것을 뒤늦게 알게 되었다. 이혼도 할 수 없는 사유가 되었던 것은 치매환자는 이혼도 안된다고 법적으로 조항이 있다는 것이다.

난 전생에 무슨 죄를 지었기에 이토록 무거운 쇠사슬에 묶여 이러지도 저러지도 못한 암흑에 빠져 일생을 허덕이는지 날아다니는 새가 부럽고 나비가 부러웠다. 훨훨 날 수 있는 자유로움이 때로는 분노와 억울함, 오기 누가 만든 인생인가?

왜 이렇게 잔인한가? 술과의 전쟁을 피할 날만 희망했더니 술보다 더 사나운 고장난 컴퓨터의 악성 바이러스 대책 없는 치매, 이것도 인생이라 누구나 공평한 자유의 권한은 내게는 빛 좋은 개살구에 불과했다.

앞만 보고 달려왔던 내 인생, 뒤돌아설 수도 앞으로 나갈 수도 없는 적막강산이었다. 점점 심해지는 남편 행동은 천지 분간을 못한다. 배설물 훔쳐먹고 식초나 화장품은 물론 심지어는 내 입술에 바르는 립스틱까지도 똑딱 끊어뜨린다. 온 집안에 보이는 것은 다 들이마시고 그 뿐이 아니다. 툭하면 도망을 가서 찾고 다니는 게 너무 힘들었다. 잘 땐 도망 못가게 남편 다리에 내 다리 하나씩 꼭꼭 묶어서 잠자기도 했다. 병원에 입원시키면 되는데 왜 그러냐고 궁금할 테지요. 병원도 어느 한계선에서 입원했다가 잠시 퇴원하게 되어 있었다.

참 신기한 것은 어느 날 폭설이 왔는데 잠옷바람으로 나갔는데 몇 시간 동안 헤매다가 찾았는데 추워서 떨지도 않고 멀쩡했다는 이 사실은 누구도 믿지 않을 것이다. 치매는 연구 대상인 일이 한두 가지가 아닌 것을 체험했다. 이런 모진 고통을 호소할 곳은 기도원뿐이었다. 근처 기도원을 찾아가서 눈물 콧물 흘리면서 주님 앞에 무릎 꿇고 기도하고 나면 무거운 맘 벗어지고 한없이 가엽게 느껴지는 남편이 불쌍했다. 그 정신없는 인생이 얼마나 불쌍한지 어디서 이런 마음이 생기는지 나 자신도 놀랐다. 60평생 술만 먹더니 알콜성 치매로 괴롭게 살다가 80세에 생을 마감하였다.

무려 20년의 세월을 치매와 전쟁하며 병간호를 했다. 남편은 내 품안에서 어린아이처럼 고운 모습으로 저세상으로 떠났다. 내가 이런 갈등 속에서 받은 필립 윤의 편지는 평생 기쁨을 맛보았기로 나는 이 세상에 한이 맺혔다.

나의 아픈 가슴을 쓰다듬어 줄 수 있는 사람은 오직 필립 윤인 줄만 알았는데......

고추 이야기 1

지인에게서 전화가 왔다. 용건은 고추 좀 따 주란다.

아니 뜬금없이 뭔 고추를 따?

글쎄 말이여 하루아침에 고추 농부가 될 줄 누가 알았겄소.

그녀는 잘 나가는 여행사 대표였다. 직접 가이드로 온 세계를 활보하던 그가 어느 날 하루아침에 보이지도 않는 바이러스 하나에 세계가 초토화된 제일 큰 타격 중 하나가 여행업이 아닌가. 그러나 피할 수 없는 운명, 그렇다고 활동하던 사람이 손발 묶여 있으려니까 속에서 천불이 나더란다.

그래서 정신과 육체가 힘들어도 부부가 시골로 들어가서 900여 평에 하우스 4동을 짓고 고추를 심었더니 속내에 화도 식혔고 고추농사도 잘 되어 초벌고추 이미 천 근 따서 농협 거쳐 학교 급식으로 배송되었단다. 유기농 고추가 인정받고 판로가 걱정없어서 좋다고 활짝 짓는 미소가 복사꽃같이 화사하다.

하우스 안엔 당산나무처럼 키 큰 고추나무가 가지가 찢어지도록 고추가 매달렸다. 처음 지은 농사라고는

믿기지 않았다. 고추는 병이 잦아 전문가도 실패하는데 겁없이 뛰어들어 열심히 사는 농부에게 하늘이 도운 것 같았다.

몸뻬 바지에 장화 신고 수건 쓴 고추 따는 솜씨가 익숙한 농부 아내로 거듭났지만 그러나 인생의 운명은 언제 어디서 어떻게 바뀔지 아무도 장담 못할 일이여. 요놈의 코로나가 나를 고추 농부로 만들 줄 꿈에도 생각했겠어?

고추 농부 아내의 할말이 너무 많아 하우스 안에 가득 차고 넘쳤다.

고추 이야기 2

시끌벅적한 웃음소리 깔깔깔 요것이 인생이여!

요놈의 고추가 이렇게 크단가?

오메오메, 환장허것네. 킁께로 주먹으로 하나가 되고 기분도 좋네. 고추가 탐스러워 감탄사가 연발 나왔다. 늦바람 나서 미쳐 뿔었네. 아 글씨 무엇을 먹여 요로케 크게 키웠냐?

정말로 고추 따는 재미에 푹 빠져들었다. 머리에 쓴 모자가 벗겨지는 것도 모르고 죽을 둥 살 둥 있는 힘을 다했다.

고추가 싱싱하고 기운도 세서 내가 따려면 툭 하고 가지가 찢어져서 마음이 아팠다. 여간 조심조심하면서 고추를 땄다.

농부의 피땀 어린 노력은 그야말로 10원 한 장 남에게 피해 끼치지 않고 원칙과 공정과 상식을 아니 그보다 진정한 삶의 노동의 가치를 소비자를 위하여 친환경 고추에 온 정성을 다해 키운 것에 감격했다.

시인의 말

나는 성공한 인생이다.

민들레처럼 땅바닥에 납작 붙어서 뭇사람들 발밑에서 짓밟혀 살아왔지만 꿋꿋한 의지로 열심히 살았다. 삼성생명 FC로 40년간 비가 오나 눈이 오나 단 하루도 쉬지 않고 한 직장에서만 40년 모범사원으로 일하다 74세에 퇴사했다.

술중독자 남편의 일평생을 보필했으며 치매 20년 동안 병원과 집에서 보조했고 내 품안에서 운명하셨다. 그 와중에도 아들 둘은 대학 나와 공무원 최고인 간부로 키워 냈고 아름다운 딸은 효녀 중의 효녀이다.

또한 나의 노후보장 충분하게 준비되어 있다.

초등학교 문전에도 못 갔지만 1994년에 시인으로 등단해서 5권의 시집을 발간했으며, 칠순이 넘어서 독학으로 검정고시로 초·중·고를 졸업했다. 그리고 76살에 순천제일대학 사회복지과에 재학 중이다.

2021년 12월 내 운명에 영광의 꽃을 피웠다.

40년 된 『세계시문학』에 나의 운명 같은 시 '민들레꽃' 으로 세계시문학상 대상을 수상했다.

또한 영광스런 예술활동증명서(한국예술인복지재단)를 취득했다.

그동안 발행한 저서 5권을 6개월 동안 심사를 받아서 당당하게 창작이라고 평가해서 너무나 기쁘다. 이제는 시집을 발행할 때에도 많은 도움을 받아서 좋다.

고로 나는 위대한 대한민국의 시인이다.

2022년 여름에

최 순 애

최순애 시집
무지개가 문을 두드릴 때

초판 인쇄 2022년 8월 20일
초판 발행 2022년 8월 25일

지은이 | 최순애
펴낸이 | 김효열
편　집 | 이미정

펴낸곳 | **을지출판공사**

등록번호 | 1985년 2월 14일 제2-741호
주　　소 | 서울시 마포구 양화진길 41, 603호
우편번호 | 04083
대표전화 | 02) 334-4050
팩시밀리 | 02) 334-4010
전자우편 | ejp4050@hanmail.net

값 18,000원

ISBN 978-89-7566-211-9 03810